# Die Perser

ÜBERSETZUNG UND NACHWORT VON
EMIL STAIGER

PHILIPP RECLA

Griechischer Originaltitel: ΠΕΡΣΑΙ

Universal-Bibliothek Nr. 1008

Gesetzt in Petit Garamond-Antiqua. Printed in Germany 1971
Herstellung: Reclam Stuttgart
ISBN 3 15 001008 X

## PERSONEN

Chor der persischen Greise
Atossa
Bote
Der Schatten des Königs Dareios
Xerxes

Die Parodos (Einzugslied)
spielt in Susa (Beschwörungsszene müßte Persepolis spielen)

*(Vor dem Grabmal des Königs Dareios. Der Chor der persischen Greise zieht ein.)* 12 Chormitglieder

CHOR

Der Perser, die fort in hellenisches Land
Gezogen, Treuepfand heißen wir hier
Und der üppigen Sitze, reich an Gold,
Verweser, die nach des Alters Rang
Der Herrscher, Xerxes, der König selbst,
Dareios' Sohn,
Erwählt, des Landes zu walten.

Doch um des Königs Heimkehr und
Des Heers in der Fülle von Gold erregt
Ein böser Seher schon allzu sehr 10
Sich innen das Herz.
Denn alle Macht aus Asiens Stamm
Ist hingegangen und folgt mit Gebell
Dem Jüngling, und kein Bote gelangt,
Kein Reiter zur persischen Hauptstadt.

Sie, da sie verlassen von Susa und
Egbátana, auch von Kissia die
Uralten Mauern, zogen zu Pferd,
Zu Schiff, und die da bilden zu Fuß
Im Tritt den Haufen der Feldschlacht. 20

Derart, Amístres, Artáphrenes auch,
Megábates und Astáspes, im Feld
Der Perser Herrn,
Und Könige in Großkönigs Dienst,
Aufseher der Heerschar, stürmen sie hin,
Die Bogenbezwinger und Streiter zu Pferd,
Entsetzlich zu schauen, furchtbar im Kampf,
Ausdauernd gläubigen Sinnes.

Der Wagenkämpfer Artémbares und
Masístres, der bogengewaltige auch, 30

Der edle Imaíos, Pharándakes
Und der Rosselenker Sosthánes.

Doch andere sandte der große viel-
Ernährende Nil: Susískanes,
Pegástagon, ägyptischen Bluts,
Der große Arsámes, Memphis' Herr,
Des heil'gen, und Ariomárdos, der
Das altehrwürdige Theben betreut,
Und die sümpfebewohnenden Rudrer zu Schiff,
Furchtbar und zahllos an Menge. 40

Der weichlich lebenden Lyder Gewühl
Zieht mit, die das festlandgeborene Volk
Gesamt beherrschen, Mitrógathes,
Der mächtige Arkteus, gebietende Herrn,
Und Sardes, goldreich, sendet sie aus,
Auf vielen Wagen Fahrende, nach
Zwei Deichseln und drei Deichseln geformt,
Ein Anblick, schrecklich zu schauen.

Die wohnen am heiligen Tmolos, drohn
Um Hellas zu schließen knechtisches Joch. 50
Auch Mardon und Thárybis, zäh mit dem Speer,
Und die Myser mit Lanzen; Babylon, reich
An Gold, schickt allvermischtes Gewühl
In langem Zug; und die fahren zu Schiff,
Die trauen der bogenspannenden Kraft,
Und schwertertragende Mannschaft aus
Ganz Asien folgt,
Vom König furchtbar entboten.

Von Männern des persischen Landes ist so
Die Blüte hinweg; 60
Um sie in heftiger Sehnsucht seufzt
Die nährende Erde Asiens rings.
Im Schwinden der Zeit erschauern die Fraun
Und Eltern und zählen die Tage.

Schon aber hat hinübergesetzt
Des Königs städtezertrümmerndes Heer
Zum jenseitigen Nachbarland,

Überquert auf flachsverbundenem Holz den Sund
Der Athamastochter Helle, 70
Aus vielen Pflöcken die Bahn als Joch
Dem Nacken des Meeres auferlegt.

Des männerreichen Asien Herr,
Der stürmische, jagt wider alles Land
Die göttliche Männerhorde auf,
Zwiefach, den Fußvolkgebietern und den zur See
Erfahrenen Führern vertrauend,
Den unerbittlichen: göttergleich
Aus goldentsproßtem Geschlecht, der Mann. 80

Stahlblau mit Augen blitzt
Er den Blick der mördrischen Schlange,
Mit vielen Händen und Schiffen viel,
Und den syrischen Wagen treibt er und speer-
Berühmten Männern entgegen führt
Er den Ares, der siegt mit dem Bogen.

Und kein Bewährter steht
Dem großen Strome der Männer
Und drängt mit sicheren Dämmen weg
Die unbezwingliche Woge des Meers. 90
Denn unnahbar ist der Perser Heer
Und die kampfbegierige Mannschaft.

Doch welcher sterbliche Mann entrinnt
Des Gottes listensinnendem Trug?
Und wer mit hurtigem Fuß ist Herr
Des wohlgeflügelten Sprunges?
Denn freundlich gewinnt und schmeichelnd verführt
Ate den Menschen in Netze zuerst,
Aus denen keinem Sterblichen je
Zur Flucht das Entrinnen vergönnt ist. 100

Von Gott her nämlich obsiegt
Seit alters das Geschick.
Jedoch den Persern dachte es zu,
Die mauerspaltenden Kriege und
Das rossefreudige Kampfgewühl
Zu treiben und Städtezerstörung.

Sie lernten aber auch, weit-
Gebahnter, in heftigem Wind
Ergrauender Wasserfluten Meer- 110
Bezirk zu schauen und zu vertraun
Den dünngeflochtenen Seilen und
Dem männerbefördernden Werkzeug.

Schwarzgewandet darum
Zerfleischt sich das Herz mir in Angst,
»Oáh! über das Perserheer!«
Dies höre die Feste von Susa,
Die große, von Männern entblößte Stadt.

Auch die Kissische Burg
Ertöne wider vom Schrei: »Oáh!« 120
Es rufe dies Wort, gedrängt,
Von Weibern der Haufe und reiße
Die Kleider aus Byssosgewebe entzwei.

Denn alle Pferde treibende und
Die Erde stampfende Mannschaft
Ist wie ein Schwarm von Bienen hinweg-
Gezogen mit dem Führer des Heers
Und hat überquert das rings
Umjochte Gestade des Meeres, das
Die beiden Länder verbindet. 130

Von Tränen aber angefüllt sind
Die Betten, der Männer entbehrend.
Die Perserinnen in heftigem Leid,
Voll Gattensehnsucht jede, nachdem
Sie den Lagergenossen entsandt,
Den stürmischen Lanzenschwinger, im
Gespanne bleibt sie nun einsam.

Doch, Perser, wir wollen uns setzen hier
Vor das alte Gebäu, 140
Und sorglich tiefberatenen Sinn
Aufbieten. Die Not rückt nahe.
Wie ist es um ihn, den König, bestellt,
Dareios' Sohn, nach dessen Geschlecht
Den Namen wir führen? Ist Sieger der Zug

Des Bogens, oder ist Herr die Kraft
Der zugespitzten Lanze?

*(Die Königin Atossa erscheint auf einem Wagen im Prunkgewand.)*

Doch siehe! Augen der Götter gleich, 150
Ein Licht, die Mutter des Königs und mir
Die Königin, kommt. Ich werfe mich hin.
Doch auch mit begrüßenden Worten sie an-
Zureden, ziemt uns allen.

Oh, der tiefgeschürzten Perserfrauen höchste Herrscherin,
Xerxes' greise Mutter und Dareios' Gattin sei gegrüßt!
Eines Persergotts Gemahlin, eines Gottes Mutter auch –
Wenn sich nicht der alte Daimon von dem Hause nun
gewandt.

ATOSSA

Darum komm ich und verlasse das mit Gold geschmückte
Haus
Und das Schlafgemach, das mit Dareios mir gemeinsam
war. 160
Sorge nagt auch mir am Herzen, und ich will ein Wort
zu euch
Sprechen, um mich selber keineswegs, ihr Freunde, ohne
Furcht,
Daß der große Reichtum auf der Erde stiebt und mit dem
Fuß
Stürzt den Segen, den Dareios hob – nicht ohne einen
Gott.
Zwiefach liegt darob, erklärbar, eine Sorge mir im Sinn:
Fülle Geldes, fehlt der Schutz des Mannes, werde nicht
geehrt;
Güterlosen strahle nicht das Licht mit seiner ganzen
Kraft.
Ohne Fehl nun ist der Reichtum; doch ums Auge bangt
mir. Denn
Als des Hauses Auge achte ich die Gegenwart des Herrn.
Deshalb, da die Dinge so bestellt sind, leiht mit eurem
Rat 170

Mir in dieser Frage Beistand, Perser, altgetreue Schar.
Aller wohlbedachte Ratschluß nämlich liegt für mich bei euch.

CHOR

Wisse wohl, o Herrin dieses Landes, daß du zweimal nicht
Wort und Werk, nach Kräften dich zu leiten, mir zu weisen brauchst.
Denn als Wohlgesinnte rufst du zu Beratern uns herbei.

ATOSSA

Mit manchem Nachtgesicht zusammen war ich stets,
Seitdem mein Sohn das Heer gerüstet und, das Land
Der Jonier zu zerstören willig, ferne weilt.
So deutlich aber hab ich keines noch gesehn
Wie zur vergangenen Ruhezeit. Ich sag es dir: 180
Mir kamen zu Gesicht zwei wohlgekleidete Fraun,
Die eine angetan mit persischem Gewand,
Mit dorischem die andere – so schien es mir –,
An Größe ausgezeichnet vor den Heutigen weit
Und makellos an Schönheit, Schwestern gleichen Stamms.
In Hellas wohnte diese, das als Heimat sie
Durchs Los gewonnen, jene im Barbarenland.
Und sie begannen einen Streit, meint' ich zu sehn.
Mein Sohn jedoch gewahrt' es, hielt sie nieder und
Beschwichtigte sie, und an den Wagen schirrte er 190
Sie beide an und schloß um ihren Hals den Gurt
Des Jochs. Die eine, aufgesteilt durch dies Behäng,
Hielt in den Zügeln, leicht zu meistern, ihren Mund.
Die andre tobte und zertrümmerte das Geschirr
Des Wagens mit den Händen, und ohne Zügel riß
Sie ihn gewaltsam fort und brach das Joch entzwei.
Mein Sohn stürzt nieder, und der Vater tritt heran,
Dareios, und bejammert ihn. Doch Xerxes, wie
Er ihn erblickt, zerreißt die Kleider sich am Leib.
Dies also, sag ich, habe ich gesehn zur Nacht. 200
Dann stand ich auf, berührte mit den Händen den
Schön fließenden Quell und trat mit Opferpriesterhand
Vor den Altar, um Tempelbrot, so wie es Brauch,
Den unglückwehrenden Göttern darzubringen. Nun

Erblick ich einen Adler, der zu Phoibos' Herd
Hinflüchtet. Sprachlos, Freunde, stand ich da vor Angst.
Dann aber seh ich, wie ein Falke hinterdrein
Heranstürmt mit den Schwingen und mit den Klauen ihm
Das Haupt zerfleischt. Der duckt sich nur, sonst nichts, und gibt
Den Leib ihm hin. Ein solches Schrecknis mußt' ich sehn – 210
Und ihr es hören. Wißt ihr doch gar wohl: Mein Sohn
Ist ein bewundernswerter Mann, wenn es ihm glückt.
Schlägt's fehl, so schuldet er dem Volk nicht Rechenschaft.
Gerettet, herrscht er über dieses Land wie je.

CHOR

Nicht mit Worten, Mutter, dich zu sehr erschrecken wollen wir
Noch ermuntern. Wende mit Gebeten an die Götter dich.
Sahst du Arges, bitte, daß es abgewendet werde. Doch
Gutes möge sich erfüllen dir und deinen Kindern und
Unserm Land und allen Freunden. Spenden gießen mußt du dann
Für die Erde und die Toten. Sanften Mutes bitte, daß 220
Dein Gemahl Dareios, den du nachts, wie du erzählst, gesehn,
Dir und eurem Sohne Gutes aus der Erde schickt ans Licht,
Doch das andre in der Erde festhält und durch Dunkel schwächt.
Dieses rate ich dir wohlgesinnt aus seherischem Geist.
Und wir meinen: Gut wird es sich dir vollenden allerwärts.

ATOSSA

Wahrlich meinem Haus und meinem Sohne wohlgesinnt hast du
Als der Schlafgesichte erster Deuter diesen Spruch gefällt.
Nun erfülle sich das Gute. All dies, wie du es verlangst,
Sei den Göttern und den Lieben in der Erde anvertraut,
Wenn wir in das Haus zurückgekehrt sind. Aber, Freunde, dies 230
Möchte ich erfahren: Wo auf Erden, sagt man, liegt Athen?

CHOR

Fern im Westen, nah dem Untergang des Herrschers Helios.

ATOSSA

Dennoch trägt mein Sohn Verlangen nach der Jagd auf diese Stadt?

CHOR

Wäre alsdann doch ganz Griechenland dem König untertan!

ATOSSA

Solche Männermenge eines Heers steht ihnen zu Gebot?

CHOR

Wohl! Ein Heer, das schon den Medern manches Übel zugefügt.

ATOSSA

Und zu diesem in den Häusern auch genügender Besitz?

CHOR

Eine Silberquelle ist ihr Eigentum, des Bodens Schatz.

ATOSSA

Schickt sich ihnen der vom Bogen abgeschnellte Pfeil der Hand?

CHOR

Nein! Die Nahkampflanze und Bewaffnung, die zum Schild gehört. 240

ATOSSA

Wer ist als Gebieter über ihnen und befiehlt dem Heer?

CHOR

Keines Mannes Knechte oder Untertanen heißen sie.

ATOSSA

Wie dann widerstehen sie den Männern, die als Feinde nahn?

CHOR

So, daß sie vernichtet des Dareios großes, schönes Heer.

ATOSSA

Grauses rufst du in den Sinn der Eltern derer, die nun fern.

CHOR

Doch mir scheint, bald weißt du die gesamte Kunde ohne Fehl.
Denn als persisch gibt sich zu erkennen dort des Mannes Lauf.
Sichre Nachricht, gute oder schlimme, bringt er zu Gehör.

*(Der Bote tritt auf.)*

BOTE

O der gesamten Erde Asiens Städte ihr!
O persisches Gebiet und Reichtums weiter Port! 250
Wie ist ein großer Segen durch einen einzigen Schlag
Zerstört, der Perser Blüte gefallen und dahin!
Weh! Schlimm, als erster Schlimmes melden. Dennoch muß
Ich alles Leid enthüllen, Perser, das uns traf:
Die ganze Heerschar der Barbaren ging zugrund.

CHOR

Schreck-, schreckliche Übel, neuergrimmt
Vernichtende! Tränt, ihr Perser, die
Ihr solchen Jammer vernehmet!

BOTE

Ja! Alles in der Ferne dort ist abgetan. 260
Ich selber sehe unverhofft der Heimat Licht.

CHOR

Zu lange lebendig, fürwahr, erscheint
Dies Greisenalter, um solches un-
Verhoffte Leiden zu hören.

BOTE

Ich war dabei, ihr Perser. Nicht nach andrer Wort
Erzähl ich, welch ein Unglück uns bereitet ward.

CHOR

Ototototoi! Umsonst
Sind die vielen Geschosse allvermischt

Aus Asien über Griechenland, 270
Den göttlichen Boden, gekommen.

BOTE

Von elend hingemetzelten Leichen sind erfüllt
Die salaminischen Ufer und alles Nachbarland.

CHOR

Ototototoi! Vom Meer
Gewirbelt die Leiber der Lieben und viel-
Getaucht, sagst du, so treiben dahin
Zwischen prallenden Küsten die Toten?

BOTE

Da halfen uns die Bogen nichts. Da ging zugrund,
Bezwungen von der Schiffe Stoß, das ganze Heer.

CHOR

Den kläglichen Jammerruf, schrei ihn 280
Den unglückseligen Persern hinaus,
Wie gänzlich übel sich alles gefügt –
Aiai! – da das Heer vernichtet.

BOTE

Wie voller Abscheu ist der Name Salamis
Dem Ohr! Gedenke ich Athens, wie stöhn ich auf!

CHOR

Athen, den Unglücksel'gen verhaßt!
Wer dächte nicht sein, das ohne Sinn
So viele Perserfrauen des Manns
Beraubt und zu Witwen gemacht hat!

ATOSSA

Schon lange schweig ich Unglückselige, verstört 290
Von all dem Unheil. Denn dies Schicksal ragt zu hoch,
Um zu erfragen, um zu sagen, was uns traf.
Und doch! Die Menschen müssen gottgesandtes Leid
Ertragen. Entfalte alles, was uns widerfuhr.

Sprich standhaft, wenn du gleich ob dem Verhängnis stöhnst.
Wer ist *nicht* tot? Und von des Volks Gebietern, wen
Beklagen wir, der, auserwählt zum Feldherrnstab,
Die männerlose Schar entblößte, als er fiel?

BOTE

Der König Xerxes selber lebt und sieht das Licht.

ATOSSA

Ein großes Licht verkündest meinem Hause du 300
Und hellen Tag aus einer wetterdunklen Nacht.

BOTE

Artémbares aber, der zehntausend Reiter führt',
Zerschellte an dem wilden Strand Siléniais.
Und Dádakes, der Chiliarch, von einem Speer
Getroffen, sprang geschwinden Sprunges aus dem Schiff.
Der edle Ténagon, der Baktrer bester Mann,
Treibt um des Aias Insel, die das Meer bespült.
Lilaíos, Ársames, Agréstes auch selbdritt,
Sie stießen, bei der taubennährenden Insel besiegt,
Mit ihren Köpfen auf das unnachgiebige Land. 310
Der bei den Quellen des ägyptischen Nils gewohnt,
Arkteus, Adeúes und als dritter Pharnúchos, der
Schildträger, diese stürzten aus einem einzigen Schiff.
Matallos dann, der Myriontarch aus Chryse, der
Gebieter von dreißigtausend schwarzen Reitern, fiel
Und färbte den feuerfarbenen, vollen, schattigen Bart
Im Purpurbad, daß er die Farbe wechselte.
Der Mager Árabos und der Baktrer Ártames
Sind, wo sie sanken, Siedler nun des rauhen Lands.
Amístris, Amphístreus, der den schmerzenreichen Speer 320
Geführt, der edle Ariomárdos, der Sardes Leid
Gebracht hat, alsdann Seísames, der Mysier,
Und Thárybis, der fünfmal fünfzig Schiffen gebot,
Ein wohlansehnlicher Mann, Lyrnaier von Geschlecht,
Nicht allzu glücklich liegt als Toter elend da.
Syénnesis, der erste an entschlossener Kraft,
Gebieter der Kilikier, der als einzelner Mann

Die größte Pein den Feinden schuf, kam rühmlich um.
Auf solche Herrn besinne ich mich. Doch wenig von
Den Übeln, die dabei gewesen, geb ich kund. 330

ATOSSA

Aiai! als Übermaß der Übel hör ich dies,
Schmach für die Perser und hellgellendes Wehgeschrei!
Doch wende noch einmal zurück und sage mir,
Wie groß die Menge der hellenischen Schiffe war,
Daß sie es wagten, gegen der Barbaren Heer
Den Kampf zu unternehmen mit der Schiffe Stoß.

BOTE

Durch ihrer Schiffe Menge waren, wisse wohl,
Die Perser übermächtig. Auf dreihundert nur
Belief sich bei den Griechen der Schiffe ganze Zahl.
Und außer diesen ausgezeichnet waren zehn. 340
Dem Xerxes aber standen tausend zu Gebot –
Ich weiß auch dies – dazu, erwählt zu schneller Fahrt,
Zweihundertsieben. So verhält die Rechnung sich.
Scheint dir, wir standen so im Nachteil für die Schlacht?
Ein Daimon war es, der das Heer zerstörte und
Die Waage lud mit ungleich lastendem Geschick.
Die Götter wachen über der Göttin Pallas Stadt.

ATOSSA

So wäre denn noch unzerstört die Stadt Athen?

BOTE

Solange Männer da sind, ist ein sichrer Wall.

ATOSSA

Doch wie begann der Schiffe Treffen? Sage mir's. 350
Wer fing die Schlacht an? Waren es die Griechen, war's
Mein Sohn, der sich berühmte seiner Schiffe Zahl?

BOTE

Ein Fluchgeist oder böser Daimon, irgendher
Erschienen, Herrin, fing das ganze Elend an.
Aus der Athener Lager nämlich kam ein Mann,

Ein Grieche, und sagte deinem Sohne Xerxes dies:
»Sobald die Finsternis der schwarzen Nacht herauf-
Gekommen, harren die Hellenen länger nicht.
Sie springen auf der Schiffe Deck und retten sich,
Der hier-, der dorthin, in geheimer Flucht hinaus.« 360
Er, der nichts ahnte von der List des Griechen und
Der Götter Mißgunst, gibt, nachdem er dies gehört,
An alle Führer seiner Schiffe den Befehl:
»Sobald das Land der Sonne Strahl nicht mehr versengt
Und Finsternis den heil'gen Raum der Luft erfüllt,
Teilt das Gedräng der Schiffe in drei Reihen, sperrt
Die Ausfahrt und die meerdurchrauschten Sunde, und
Um Aias' Insel ordnet andre an im Kreis.
Entrinnen die Hellenen ihrem bösen Los
Und finden heimlich mit den Schiffen einen Weg 370
Zur Flucht, so gilt, daß jeder büßt mit seinem Kopf.«
So sprach er, allzu wohlgemuten Sinnes. Denn
Was ihm bestimmt war von den Göttern, wußt' er nicht.
Sie, fügsam ihren Führern, nicht in Unordnung,
Bereiteten die Abendmahlzeit. Alsdann band
Der Seemann an den rudertüchtigen Pflock den Griff.
Doch als dahingeschwunden war der Sonne Licht
Und als die Nacht kam, ging, wer eines Ruders Herr
Und wer da kundig war der Waffen, auf sein Schiff.
Die Reihe rief der Reihe längs den Schiffen zu, 380
Und jeder fuhr, so wie es ihm befohlen war.
Das ganze Schiffsvolk ruderte die Nacht hindurch
Nach dem Befehl des Herrn der Schiffe hin und her.
Und so verstrich die Nacht. Doch nirgends schickte sich
Das Heer der Griechen zu geheimer Ausfahrt an.
Dann aber, als mit leuchtendem Gespann der Tag
Das ganze Land beherrschte, glanzvoll anzuschaun,
Erscholl zuerst mit Brausen von den Griechen wie
Gesang ein Tönen, und das Echo schlug sogleich
Den hellen Laut vom Inselfelsen her zurück. 390
Und die Barbaren insgesamt befiel die Angst,
Da die Erwartung fehlschlug. Denn es stimmten nicht
Als wie zur Flucht die Griechen an das heil'ge Lied,
Vielmehr, um in den Kampf zu ziehn beherzten Muts.
Doch rings darüber flammte der Trompete Schall.

Und alsbald peitschten sie im Takt mit lautem Schlag
Der Ruder nach dem Bootsmannsruf die tiefe Flut.
Auf einmal kamen alle deutlich zu Gesicht.
Wohlaufgereiht, in guter Ordnung, fuhr zuerst
Der rechte Flügel vor. In zweiter Staffel kam 400
Der ganze Zug ihm nach. Zugleich war viel Geschrei
Zu hören: »O ihr Söhne der Hellenen, auf!
Befreit das Vaterland, befreit die Kinder und
Die Frauen und der heimischen Götter Sitze und
Der Ahnen Gräber. Denn um alles geht der Kampf!«
Und wahrlich! Ein Gebraus in Persersprache kam
Von uns zurück. Zum Zaudern blieb uns keine Frist.
Denn alsbald schlug den ehernen Schnabel auf das Schiff
Das Schiff. Ein Schiff der Griechen fing das Rammen an
Und schmetterte eines phönizischen Schiffes ganzen Bug 410
Zusammen. Hier- und dorthin stießen die Kiele dann.
Zuerst zwar widerstand der Strom des Perserheers.
Doch als die vielen Schiffe in der Enge sich
Versammelten, bot keines mehr dem andern Schutz.
Mit ihren zugespitzten Schnäbeln schlugen sie
Sich selber und zerbrachen das ganze Ruderwerk.
Die Griechenschiffe umringten sie mit Vorbedacht
Und stießen auf sie los. Nach oben wurden da
Der Schiffe Bäuche umgewälzt. Man sah die Flut
Nicht mehr. So strotzte es von Trümmern und Menschenmord. 420
Die Klippen auch und Ufer waren überschwemmt
Von Leichen, und in wilder Flucht fuhr alles, was
Von der Barbaren Heer noch übrig war, davon.
Wie auf den Thunfisch aber oder andern Fang
Von Fischen, mit zerbrochenen Ruderstangen und
Wracktrümmern, schlugen die Hellenen auf sie los
Und hieben sie in Stücke. Wehgeschrei zugleich
Und Jammer überwältigte die Flut des Meers
So lang, bis sie das Auge der schwarzen Nacht entriß.
Der Übel Fülle, wenn ich auch zehn Tage lang
Der Reihe nach erzählte, schöpfte ich dir nicht aus. 430
Denn wisse wohl: Noch nie an einem einzigen Tag
Kam eine so gewaltige Zahl von Menschen um.

ATOSSA

Aiai!
Ein großes Meer von Not ist auf der Perser Volk,
Auf der Barbaren ganzen Stamm hereingestürzt.

BOTE

Noch nicht der Übel Hälfte ist's, das wisse wohl.
Von Leiden kam ein solch Verhängnis über sie,
Daß es das erste zwiefach aufwiegt an Gewicht.

ATOSSA

Was könnte noch verfluchter sein als dies Geschick?
Verkünde: Welche Fügung widerfuhr dem Heer,
Daß sich zu größerm Übel noch die Waage senkt? 440

BOTE

So viele da an Persern waren, blühenden Leibs,
An Mut die Besten, ausgezeichnet durch Geburt,
An Treue zu dem Herrscher bei den Ersten stets,
Sind schmachvoll in unrühmlichstem Geschick dahin.

ATOSSA

O welch Verhängnis, Freunde! Ich Unsel'ge! Weh!
Wie aber war das Ende, das sie hingerafft?

BOTE

Vor dem Gebiet von Salamis liegt, klein und schwer
Nahbar für Schiffe, eine Insel, wo am Strand
Des Meers der reigenliebende Pan sich gern ergeht.
Dorthin beschied sie Xerxes, daß, sofern der Feind 450
Sich auf die Insel flüchtete, vom Schiff gestürzt,
Sie leichten Fangs das Heer der Griechen töteten,
Die Freunde aber bärgen aus der salzigen Flut.
Er wußte schlecht, was ihm bevorstand. Als ein Gott
Im Kampf den Schiffen der Hellenen Ruhm verliehn,
Umhüllten sie mit eherner Wehr am selben Tag
Den Leib und sprangen aus den Schiffen, und im Kreis
Umstellten sie die Insel ganz. Da war kein Rat,
Wohin sich wenden. Unablässig wurden sie
Mit Steinen aus der Hand beworfen. Von der Schnur 460

Des Bogens flogen Pfeile und vernichteten sie.
Zuletzt in *einem* Brausen stürmen sie heran
Und schlagen nieder und zerhauen die Leiber der
Unsel'gen, bis sie alles Leben ausgetilgt.
Vor solchen Unheils Abgrund stöhnte Xerxes auf.
Er hatte einen Sitz auf hohem Hügel, nah
Dem Meer, mit guter Aussicht auf das ganze Heer.
Und er zerriß die Kleider und schrie hellen Lauts.
Dem Landheer gab er alsdann rasch Befehle und
Entwich in würdeloser Flucht. Dies das Geschick, 470
Das du zu jenem frühern noch bejammern magst.

ATOSSA

Verhaßter Daimon! Wie hast du der Perser Sinn
Betrogen! Eine bittre Rache nahm mein Sohn
An der berühmten Stadt Athen! Nicht reichten hin
Die Perser, die schon früher Marathon verdarb.
Für diese Sühne zu erwirken, war mein Sohn
Bedacht und zog sich solche Leidensfülle zu.
Du aber sprich: Wie ließest du die Schiffe, die
Dem Untergang entrannen? Weißt du klar Bescheid?

BOTE

Die Führer der verschonten Schiffe wandten sich 480
Je nach dem Wind in übler Ordnung jäh zur Flucht.
Der Rest des Heeres ging in der Böoter Land
Zugrunde, bei einer Quelle Labetrunk zum Teil,
Von Durst geplagt, indes wir andern atemlos
In den Bereich der Phoker und in das Gebiet
Von Doris drangen und zum melischen Golf, wo mit
Wohltätiger Flut die Ebene der Spercheios netzt.
Dann nahmen uns die Felder des Achaierlands
Und, da wir schon an Nahrung Mangel litten, die
Thessalischen Städte auf. Da kamen viele um 490
Vor Durst und Hunger. Beides nämlich herrschte dort.
Zur Erde von Magnesia und in das Land
Der Makedonen, zum Lauf des Áxios, kamen wir,
Zu Bolbes sumpfigem Röhricht und im Lande der
Edonen zum Pangaionberg. In dieser Nacht
Erregt' ein Gott unzeitige Kälte. Da gefror

Des heiligen Strymon ganzer Lauf. Wer früher nie
An Götter glaubte, damals rief er im Gebet
Sie an und warf sich hin vor Erd' und Himmel. Doch
Als seinen langen Götteranruf unser Heer 500
Beendet, überschritt es den gefrorenen Fluß.
Und von den Unsern, wer hinüberging, bevor
Des Gottes Strahlen sich verbreiteten, war erlöst.
Denn mitten durch den Fluß in Strahlen brennend drang
Der Sonne Leuchtkreis und erhitzte ihn mit Glut.
Da fielen sie übereinander. Glücklich schien noch der,
Fürwahr, dem raschestens des Lebens Atem brach.
Die aber überleben und gerettet sind,
Ziehn mühsam durch der Thraker Land mit vieler Not
Und kommen nun als Flüchtige – nicht viele mehr – 510
Zum heimischen Herd, so, daß die Stadt der Perser stöhnt,
Die sich nach ihres Lands geliebter Jugend sehnt.
Das ist die Wahrheit. Vieles von den Übeln laß
Ich aus, die auf die Perser niederwarf ein Gott.

CHOR

O unheilvoller Daimon, wie du allzu schwer
Mit Füßen tratest auf der Perser ganzen Stamm!

ATOSSA

Weh mir Unseliger, des abgetanen Heers!
O offenbares Nachtgesicht der Träume du,
Wie sehr hast du das Elend deutlich mir enthüllt!
Ihr aber habt es allzu linkisch ausgelegt. 520
Und dennoch, da es euer Ausspruch also mir
Entschieden, will ich zu den Göttern flehn zuerst,
Der Erde und den Hingeschiedenen dann, nachdem
Ich Opferbrot im Haus geholt, mit Gaben nahn.
Ich weiß: für Dinge, die bereits geschehen sind,
Doch für das Künftige auch, ob es sich besser fügt.
Ihr aber müßt nach dem, was sich ereignet hat,
Mit treuem Sinn zusammenbringen treuen Rat.
Und meinem Sohne, wenn er früher hier erscheint
Als ich, sprecht zu, und in das Haus geleitet ihn, 530
Daß er nicht neues Übel zu den Übeln fügt.

*(Atossa in den Palast, Bote seitwärts ab.)*

CHOR

O König Zeus! Nun hast du das Heer
Der Perser, der männerreichen und hoch-
Gemuten, zerstört
Und Susas und Egbátanas Stadt
Versenkt in finstere Trauer.

Und viele zerreißen mit zarter Hand
Das Schleiertuch
Und netzen mit feuchten Tränen, vom Schmerz
Betroffen, den Bausch des Gewandes. 540
In üppiger Klage die persischen Fraun,
Verlangend, den jüngst geschlossenen Bund
Mit ihren Männern zu sehen, und
Der reichen Decken des Lagerpfühls
Verlustig und schwelgender Jugendlust,
Wehklagen mit unersättlichem Schrein.
Auch ich aber will der Geschiedenen Los,
das klägliche, würdig erheben.

Jetzt nämlich ächzt, entleert,
Die ganze Erde Asiens rings.
Xerxes führte sie an – 550
Popoí!
Xerxes vernichtete sie –
Totoí!
Xerxes – alles betrieb er ohne Vernunft
Mit den Kähnen des Meers.
Wozu gebot Dareios, der Herr
Des Bogens, den Bürgern so unversehrt,
Geliebter Herrscher von Susa?

Fußvolk und Seemannschaft,
Die dunkelfarbigen Schiffe, die gleich- 560
Beschwingten, entführten sie –
Popoí!
Die Schiffe vernichteten sie –
Totoí!
Die Schiffe mit allverderbenden Stößen und

Die Hände der Joner.
Er selber entrann nur mit Not, der Herr,
Über Thrakiens Ebenen, hören wir,
Und winterlich böse Pfade.

Die aber fielen zuerst –
Weh!
Ergriffen vom Zwang des Schicksals –
Ä-é!
Am Strande Kychreias – 570
Oáh!
Die Toten – stöhne und knirsche du
Und rufe dumpf empor zum Himmel das Leid –
Oáh!
Und spanne die Stimme der Not,
Das übel bellende Schreien.

Furchtbar vom Meere zerwalkt –
Weh!
Zerbissen von stummen Geschöpfen –
Ä-é!
Der lauteren Fluten –
Oáh!
Den Mann beklagt das beraubte Haus,
Die Eltern, kinderlos, Leiden, von Göttern gesandt, 580
Oáh!
Die klagenden Greise, die nun
Den ganzen Jammer erfahren!

Die aber im asiatischen Land
Befolgen nicht länger der Perser Gesetz;
Sie zollen fürderhin unter dem Zwang
Des Herrschers keine Tribute mehr
Und fallen nicht länger zu Boden
Und werden beherrscht; denn die Gewalt
Des Königs ist gebrochen. 590

Und länger bleibt den Sterblichen nicht
Die Zunge in Gewahrsam; frei
Zu reden ist nun entfesselt das Volk,
Da aufgelöst das Joch der Macht.
Doch Aias' umflutete Insel,

Von Blut besudelt der Boden, deckt,
Was Persern einst gehörte.

*(Atossa, in dürftigem Gewand, mit einigen Dienerinnen, die Gefäße tragen.)*

ATOSSA

Ihr Freunde! Wer erfahren ist im Elend, weiß:
Sobald der Übel Woge über die Sterblichen
Hereinbricht, sind sie überall geneigt zur Furcht. 600
Doch wenn der Daimon freundlich strömt, vertrauen sie,
Er lasse stets denselben Wind des Glückes wehn.
Für mich ist alles nun erfüllt von Ängstigung.
Der Götter Gegnerschaft erscheint dem Blick, und in
Den Ohren ist ein Rauschen, nicht wie Heilsgesang.
Derart verstört Unheilsbestürzung unseren Sinn.
So komm ich ohne Wagen und nicht, wie zuvor,
Im Prunkkleid aus dem Hause diesen Weg zurück,
Um wohlgesinnte Spenden, wie sie taugen zur
Beschwichtigung der Toten, dem Vater meines Sohns 610
Zu bringen: schmackhaft weiße Milch von heiliger Kuh,
Ganz hellen Honig, Seim der Blütengeschäftigen,
Mit Wassertropfen eines jungfräulichen Quells
Und weiter, hier, dem unvermischten Trank, der von
Der wilden Mutter stammt, der alten Rebe Lust,
Dann von dem falben Ölbaum, der in Blättern stets
Gedeiht und lebt, die Frucht mit angenehmem Duft,
Und Kinder der alltragenden Erde: Blumengewind.
Ihr aber, Freunde, für die Toten unten singt
Zu diesen Spenden Lieder, und Dareios ruft 620
Herauf, den Daimon. Ehren, die die Erde trinkt,
Hier führ ich sie den Göttern in der Tiefe zu.

CHOR

O fürstliche Frau, von den Persern verehrt!
In die Kammern unter der Erde gib
Die Güsse. Mit Liedern flehen wir,
Daß gnädig sei
Der Toten Geleit in der Tiefe.

Auf! heil'ge Dämonen der Unterwelt,
Erdgöttin und Hermes, der Unteren Fürst,
Von unten sendet den Geist ans Licht, 630
Denn kennt er des Übels eine Arznei,
Weiß er allein das Ende.

Hört der selige König, Göttern gleich,
Mich in barbarischer Sprache klar
Schillernde, grausige Laute,
Klagenvolle Entsendenden?
Allunglückliche Töne
Ruf ich hinab.
Hört er mich in der Tiefe?

Erde und andere Führer der Unteren ihr! 640
Gönnt, daß aus der Behausung kommt
Der hocherlauchte Daimon,
Der Susa entsprossene Persergott.
Sendet hinauf den Mann, wie
Nie ihn zuvor
Persische Erde verborgen.

Geliebt ist der Mann, der Hügel geliebt;
Denn geliebte Sinnesart birgt er.
Aïdóneus, Geleiter der Toten,
Entlaß ihn hinauf, Aïdóneus, 650
Dareios, den einzigen Herrn, Darián!
Ä-é!

Denn niemals richtet' er Männer zugrund
Ihm Wahn verderblichen Krieges.
Der Gottberatene hieß er
Den Persern, der Gottberatene
War er, da gut das Heer er geführt.
Ä-é!

Erlauchter vergangener Zeit, Erlauchter, komm!
Hier auf die Höhe der Kuppe des Hügels!
Hebe des Fußes safranfarbenen Schuh und laß 660
Der königlichen Tiara Wucht
Erscheinen! Vater, ohne Fehl,
Komm, Darián!

Damit du vernehmest die neue Not, die un-
Erhörte, erscheine, des Herren Herr!
Stygisches Dunkel ist nämlich hergeflogen; es ist
Zugrundegegangen insgesamt
Die Jugend. Vater, ohne Fehl, 670
Komm, Darián!

Aiai!
Im Tode von Freunden vielbeweint!
Zwiefacher Fehlschlag, Herr, o Herr,
Ist zu beklagen vom ganzen Land.
Vernichtet sind die Dreiruderer, sind
Die Schiffe – Unschiffe, Unschiffe! 680

*(Der Schatten des Dareios steigt auf.)*

DAREIOS

Gefährten meiner Jugend, unter Treuen treu,
Ihr greisen Perser! Welche Mühsal müht die Stadt?
Sie stöhnt. Geschlagen wird und aufgewühlt der Grund.
Und meine Gattin sehe ich mit Bangen nah
Dem Grab, so freundlich ich die Spenden auch empfing.
Auch ihr steht dicht bei meinem Grab und weheklagt,
Und mit Gewimmer, das die Abgeschiedenen weckt,
Ruft ihr mich zum Erbarmen. Leicht ist nicht der Weg,
Da überall die unterirdischen Götter im
Ergreifen tüchtiger als im Lassen sind. Doch da 690
Mir Herrscheransehn bleibt bei ihnen, bin ich da.
Beeile dich, daß aus der Zeit kein Tadel wird.
Welch neues Unglück lastet auf den Persern schwer?

CHOR

Ich scheue mich anzuschaun.
Ich scheue mich, Rede zu stehn,
Erschauernd vor dir wie ehdem.

DAREIOS

Nun ich aber aus der Tiefe kam, von deinem Klageruf
Überredet, sprich ein kurzgefaßtes, nicht ein langes Wort
Und erkläre alles, dich entledigend der Scheu vor mir.

CHOR

Ich fürchte mich zu willfahren. 700
Ich fürchte mich, dir zu künden,
Was Freunden zu sagen schwer ist.

DAREIOS

Da die alte Furcht denn also dir im Sinne widersteht –
Du, vor Zeiten meines Betts Gefährtin, hochgeborne Frau,
Höre auf zu weinen und zu klagen und sprich klar zu mir.
Denn es trifft die Sterblichen ja manches Menschenungemach.
Manches Übel aus dem Meer und manches von dem Lande kommt
Auf die Menschen, wenn das lange Leben sich ins Weite dehnt.

ATOSSA

Du, der alle übertraf an Segen glücklichen Geschicks,
Und, solang du sahst den Strahl des Sonnengotts, beneidenswert 710
Für die Perser, wie ein Gott ein heiles Leben hingebracht:
Jetzt beneid ich dich, daß du gestorben, ehe du der Not
Abgrund sahst, Dareios. Höre, was geschehn, mit knappem Wort:
Um es auszusprechen: Die Gewalt der Perser ist vertilgt.

DAREIOS

Wie geschah's? Befiel die Stadt ein Aufruhr, einer Seuche Sturm?

ATOSSA

Keineswegs. Vernichtet wurde bei Athen das ganze Heer.

DAREIOS

Welcher meiner Söhne führte dort das Heer hinüber? Sprich!

ATOSSA

Der verwegene Xerxes, der entblößt des Landes ganze Flur.

DAREIOS

Wagte der Unselige zu Schiff, zu Fuß den tollen Streich?

ATOSSA

Beides. Zwiegestaltet war der beiden Heere Angesicht. 720

DAREIOS

Doch wie überquerte ein so großes Heer zu Fuß das Meer?

ATOSSA

Künstlich überjocht' er Helles Enge. So entstand ein Weg.

DAREIOS

Dies vollbrachte er, so, daß der große Bosporos sich schloß?

ATOSSA

Es geschah. Ein Daimon wirkte wohl bei diesem Plane mit.

DAREIOS

Weh! Ein großer Daimon fiel ihn an, daß er es schlecht erwog.

ATOSSA

Läßt der Ausgang doch ersehen, welch ein Übel er vollbracht.

DAREIOS

Was ist ihnen widerfahren, daß ihr also stöhnt um sie?

ATOSSA

Die verheerte Flotte riß das Fußvolk ins Verderben mit.

DAREIOS

Völlig mit dem Speer vernichtet wurde das gesamte Volk?

ATOSSA

Daß um den Verlust der Männer Susas ganze Stadt aufstöhnt. 730

DAREIOS

Wehe! Meine treue Streitmacht, Kriegerschar, verbündete!

ATOSSA

Das gesamte Volk der Baktrer ist dahin, und nicht ein Greis . . .

DAREIOS

Der Elende! Welche Kraft von Streitgefährten er verdarb!

ATOSSA

Einzig Xerxes, sagen sie, verlassen, nur mit wenigen ...

DAREIOS

Wie und wo ging es mit ihm zu Ende? Ist da noch ein Heil?

ATOSSA

Sei zur Brücke glücklich hingelangt, die beide Länder eint.

DAREIOS

Daß er sich auf unser Land gerettet habe, dies ist wahr?

ATOSSA

Ja! Ein klares Wort bekräftigt's. Darin ist kein Widerstreit.

DAREIOS

Wehe! Rasch erfüllten die Orakel sich! Auf meinen Sohn
Schleuderte der Göttersprüche Ausgang Zeus. Nach langer Zeit 740
Würden dies die Götter erst vollbringen. Also prahlt' ich wohl.
Doch wenn einer selber sich beeifert, greift auch ein der Gott.
Allen Freunden scheint der Quell des Ungemachs nun auffindbar.
Doch mein Sohn besann sich nicht und tat dies Werk in Jugendmut,
Der, im Wahn, den heil'gen Hellespont mit Banden, einem Knecht
Gleich, den strömenden, zu halten, Bosporos, des Gottes Strom,
Umgestaltete die Enge und in Schmiedefesseln ihn
Schlug und also einen großen Weg schuf für ein großes Heer.
Sterblich, meint' er, alle Götter – nicht in wohlberatnem Sinn –

Ja, Poseidon zu bemeistern. Kam nicht Krankheit des Gemüts 750
Über meinen Sohn? Ich fürchte, meine große Mühe um
Reichtum werde nun zum Raube dessen, der als erster kommt.

ATOSSA

So belehrt wird, der mit schlimmen Männern umging, Xerxes nun,
Der verwegene. Sie sagten: Du zwar habest mit dem Speer
Deinen Kindern reichen Schatz erworben, doch er kriege aus
Feigheit nur daheim und mehre nicht das väterliche Gut.
Weil er oft von schlimmen Männern Schande solcher Art vernahm,
Plante er den Feldzug gegen Griechenland und diese Fahrt.

DAREIOS

So haben also sie das Werk vollbracht, das un-
Geheuerste, unvergeßliche, wie es noch nie 760
Befallen und entvölkert Susa, diese Stadt,
Seit Zeus, der Herrscher, eingerichtet solches Amt:
Dem ganzen schafenährenden Asien soll *ein* Mann
Gebieten, der das richtungweisende Zepter führt.
So war der erste Medos, der dem Heer befahl.
Ein anderer, sein Sohn, vollendete dies Werk.
Denn seines Mutes Steuer führte der Verstand.
Als dritter folgte Kyros ihm, ein Mann des Glücks,
Des Herrschaft für die Seinen alle Frieden schuf.
Der Lyder und der Phryger Volk erwarb er sich 770
Und machte mit Gewalt ganz Jonien untertan.
Nicht haßte ihn – denn er war rechten Sinns – der Gott.
Als vierter wies des Kyros Sohn dem Volk die Bahn.
Als fünfter herrschte Mardis, eine Schande für
Das Land und für den alten Thron. Ihn tötete
Artáphrenes, der edle, im Palast mit List,
Verbündet mit Gefährten, deren Pflicht dies war.
Nach Máraphis, dem sechsten, und Artáphrenes,
Dem siebten, fiel das Los mir zu nach meinem Wunsch.
Und oft mit einem großen Heer zog ich ins Feld. 780

Dem Lande aber warf ich nie solch Elend hin.
Mein Sohn dagegen, Xerxes, jung, denkt jugendlich
Und achtet dessen, was ich anbefohlen, nicht.
Denn dies, Gefährten meines Lebens, wißt ihr klar:
Wir alle, die wir diese Herrschaft ausgeübt,
Erwiesen uns als Wirker solcher Drangsal nie.

CHOR

Wie nun, o Herr Dareios, wohin wendest du
Der Worte Ziel? Wie können wir, da dies geschehn,
Am besten noch bestehen als der Perser Volk?

DAREIOS

Wenn ihr nicht Krieg führt gegen griechisches Gebiet, 790
Und wäre auch das Heer der Meder größer noch.
Denn jenen wird zum Waffenfreund die Erde selbst.

CHOR

Was willst du sagen? Waffenfreund auf welche Art?

DAREIOS

Durch Hunger tötet sie die allzu große Zahl.

CHOR

Wir rüsten einen wohlbestellten, erlesenen Zug.

DAREIOS

Auch jenes Heer, das jetzt noch steht auf griechischen
Gebieten, es erlangt das Heil der Heimkehr nicht.

CHOR

Wie sagst du? Helles Enge überquere nicht
Das ganze Heer der Perser von Europa aus?

DAREIOS

Von vielen wenige – wenn man, im Blick auf das, 800
Was jetzt geschehn, der Götter Sprüchen glauben muß.
Nie trifft das eine zu und bleibt das andre aus.
Wenn aber dem so ist, läßt er erlesene Schar
Des Heers, indem er nichtiger Hoffnung traut, zurück.

Sie stehn, wo der Asop die Fläche mit der Flut
Benetzt, für der Böoter Land willkommnes Naß.
Dort bleibt zu dulden ihnen noch die höchste Not,
Des Hochmuts und der gottvergessenen Sinne Sold,
Da sie nach Hellas zogen und die Statuen
Der Götter raubten und die Tempel sengten ohne Scheu. 810
Verschwunden sind Altäre, Stätten der Toten sind
Von Grund auf wirr von ihren Sockeln umgestürzt.
Drum, da sie übel handelten, erdulden sie
Geringeres nicht. Und andres steht bevor. Noch liegt
Nicht bloß des Unheils Grund. Er bildet weiter sich.
So groß wird sein der blutbefleckte Opferbrei
Beim Lande von Plataíai durch der Dorer Speer,
Und Leichendünen werden der Menschen Augen stumm
Bis in das drittgesäte Glied bedeuten, daß
Unmäßiges zu sinnen Sterblichen nicht ziemt. 820
Denn ausgeblühte Hoffart zeugt die Ähre der
Verblendung, draus sich tränenreicher Sommer nährt.
Nun da ihr seht, welch eine Buße dafür gilt,
Gedenkt Athens und Griechenlands. Und keiner sei,
Der über den Gott des Augenblicks hinaussinnt und,
Nach anderem begierig, ausleert großes Gut.
Denn über allzu prahlerischen Geistern steht
Als Züchtiger Zeus. Der fordert schwere Rechenschaft.
Darauf weist ihn, der der Besonnenheit bedarf,
Mit wohlbedachten Worten hin und macht ihn klug, 830
Daß er die Götter nicht mehr kränke frevlen Muts.
Doch du, des Xerxes greise, geliebte Mutter, geh
Hinein ins Haus, und ein Gewand, das stattlich ist,
Leg an, und so begegne unserm Sohn. Denn ganz
In Fetzen um den Leib zerrissen ist aus Gram
Ob seines Unglücks ihm das schillernde Gewand.
Besänftige ihn wohlgesinnt mit Worten. Dich
Als einzige hört er geduldig an, ich weiß.
Ich gehe in der Erde Finsternis hinab.
Ihr aber, Greise, lebet wohl und gönnt, obgleich 840
Im Leid, der Seele Freude, wie der Tag sie bringt.
Den Toten nämlich ist der Reichtum nichts mehr nütz.

*(Verschwindet.)*

CHOR

Ich höre von den vielen gegenwärtigen
Und künftigen Leiden der Barbaren kummervoll.

ATOSSA

O Daimon! Wie mich große Schmerzen ob der Not
Beschleichen. Doch am meisten nagt an mir das Los,
Daß ich die Kunde von der Schande des Gewands,
Die meines Sohns Gestalt umhüllt, vernehmen muß.
Ich geh indes und hole aus dem Haus das Prunk-
Gewand und will versuchen, meinem Sohn zu nahn. 850
Denn in der Not verraten wir die Nächsten nicht.

*(Ab ins Haus.)*

CHOR

Ó popoi! Großes, gutes,
Städteordnendes Leben ward uns zuteil,
Als über das Land
Der greise, allwehrende,
Makellose und unbezwingliche,
Göttergleiche König Dareios geherrscht.

Erstlich berühmte Kriege
Wiesen wir vor; und Satzungen richteten ganz
Die Gemeinschaft aus, 860
Und Heimkehr aus Kriegen
Führte ohne Kummer und Leiden
Die Männer wohlbehalten nach Haus.

Wie viele Städte nahm er – und überschritt
Die Bahn des Hálys-Stromes doch nie
Und stürmte nicht los von seinem Herd –
So, die dem Strymonischen See
Benachbart sind, die Städte des Stroms,
Der Thraker Behausung. 870

Die außerhalb des Sees auf dem Lande sodann
Sich gürten mit Mauern, diesem Herrn
Gehorchten sie, die am breiten Sund
Der Helle sich rühmenden und

Der winkligen Propontis und an
Der Mündung des Pontos.

Und die Inseln, umrauscht, der Küste des Meers entlang, 880
Die vorgelagert diesem Land,
Wie Lesbos und Samos, die Öl hervorbringt,
Und Chios und Paros, Mýkonos auch
Und, grenzend an Tenos,
Die dichtnachbarliche Andros.

Und beherrschte, die meernah zwischen den Küsten sind,
Wie Lemnos und des Ikaros Sitz 890
Und Rhodos und Knidos, die kyprischen Städte
Paphos, Soloi und Salamis,
Deren Mutterstadt nun
Verschuldet unsere Klagen.

Und über die wohlvermögenden in
Der jonischen Pacht, an Männern reich,
Die Städte der Griechen gebot er nach eigenem Sinn; 900
Und war zugegen unermüdliche Männerkraft
An Gewappneten und an allgemischten Verbündeten.
Jetzt aber tragen wir wiederum dies
Von Göttern ohne Widerspruch
Gewendete, überwunden im Krieg
Gewaltig durch Schläge des Meeres.

*(Xerxes tritt auf mit spärlichem Gefolge.)*

XERXES

Ió!
Unseliger ich, dem ward zuteil
Dies gräßliche, unverkündigte Los! 910
Wie befiel ein Daimon der Perser Geschlecht
Grausam! Was erdulde ich Ärmster! Gelöst
Ist meiner Gebeine Kraft, da ich
Erblicke der Bürger älteste hier.
O hätte – Zeus! – mit den Männern, die
Gefallen, auch mich
Verhüllt des Todes Schicksal!

CHOR

Ototoí! O König, das treffliche Heer,
Das Perser-waltende hohe Amt
Und der Männer Zier, 920
Die hinweg nun der Daimon geschoren!

Die Erde stöhnt um die Jugend des Lands,
Die Xerxes getötet, der vollgestopft
Den Hades mit Persern. Aus altem Geschlecht
Der Helden viele, die Blüte des Lands,
Speerwältige, dichte Zehntausendschar
Von Männern ist untergegangen.
Aiaí! Aiaí! die getreue Wehr!
Die Erde Asiens, König des Lands,
Ist schrecklich, schrecklich gebrochen ins Knie! 930

XERXES

Ich! Hier! Oioí! Bejammernswert!
Elend! Dem Lande des Vaters, dem Stamm
Ein Übel ward ich geboren!

CHOR

Als Heimkehrgruß entbiete ich dir
Schlimmtönenden Schrei, notkündendes Ach,
Des mariandynischen Klagemanns
Von Tränen gesättigten Weheruf!

XERXES

Entsendet die klägliche Stimme, die all-
Aufjammernde, schrille. Denn gegen mich 940
Hat wieder sich dieser Daimon gewandt.

CHOR

So send ich die allaufjammernde denn,
Vor Leiden des Volks, geschlagen vom Meer,
Mich beugend, ächze ich tränenreich
Die Klage wieder um Stadt und Stamm.

XERXES

Der Jonier hat sie entrissen,
Der Jonier, schiffsbewehrt, 950

Der Stärker der anderen, Ares, der
Abschor die nächtliche Fläche und
Die unglückselige Küste.

CHOR

Oioí!
Schrei auf und frage nach allem!
Wo ist der Freunde übrige Schar?
Wo sind, die zur Seite dir standen?
Wie einer dir war Pharándakes,
Susas, Agábatas, Pélagon,
Wie Dótamas, Psammis, Susískanes, 960
Der von Egbátana auszog?

XERXES

Ich habe die Toten verlassen,
Die sind von tyrischem Schiff
An den Gestaden von Salamis
Dahingeschwunden, zerschmettert an
Dem felsigen Vorgebirge.

CHOR

Oioí!
Wo ist Pharnúchos geblieben,
Wo Ariomárdos, der treffliche?
Und wo der Herrscher Seualkes?
Von edlem Blute Lilaíos, wo?
Memphis, Masístras, Thárybis, 970
Und wo Hystaíchmas, Artémbares?
Ich frage dich auch nach diesem.

XERXES

Ió! Ió!
Wie das urheilige sie erblickt,
Das verhaßte Athen,
Von *einem* Ruderschlag insgesamt –
He! He! He! He! – da zappeln sie nun
Auf festem Lande, die Armen.

CHOR

Und unter den Persern auch dein
In allem verläßliches Auge, 980
Der Zehn-, Zehntausende zählte,
Alpístos, des Batanóchos Sohn
. . . . . . . . . . . . . . . . . . . . . . . . .
Susámas und Megabátas Sohn
Und Parthos, den großen Oíbares auch,
Du ließest, ließest sie? Oh! Oh! Oh!
Die Kläglichen! Schlimmes sagst du, noch mehr
Als Schlimmes erlauchten Persern.

XERXES

Mit Zaubermacht
Nach meinen tapfern Gefährten rufst
Der Erinnerung du,
Wenn die verhaßten, entsetzlichen
Urübel du nennst. Es schreit, es schreit 990
Das Herz im Innern der Glieder.

CHOR

Nach andern verlangt es uns noch:
Der mardischer Männer Zehntausend
Geboten, Mardes; Arion,
Anchares, Diáïxis, Ársakes,
Der die Reiter geführt,
Kegdátamas und Lythímnas und, un-
Ersättlich, Tolmos, im Werfen des Speers.
Ich taumle, taumle bestürzt. Denn sie 1000
Sind hinten nicht im Gefolge der
Auf Rädern rollenden Zelte.

XERXES

Dahingegangen sind die Besammler des Heers.

CHOR

Dahingegangen, ah! namenlos!

XERXES

Ié! Ié! Ió! Ió!

CHOR

Ió! Ió! Dämonen,
Die fügten uns unerwartete Not,
Vorstechende, so wie Ate blickt.

XERXES

Geschlagen! Welch ein Schicksal für währende Zeit!

CHOR

Geschlagen! Offen liegt es am Tag!

XERXES

Ein neues, neues, ein Weh! ein Weh! 1010

CHOR

Die sie auf jonische Schiffe
Gestoßen – nicht zu unserem Heil.
Unglücklich im Krieg ist der Perser Geschlecht.

XERXES

Wie wäre dies nicht? Mit solchem Heer,
Elender ich! geschlagen!

CHOR

Wer fiel nicht, Hochverblendeter unter den Persern du?

XERXES

Hier! Siehst du, was mir von meiner Rüstung bleibt?

CHOR

Ich sehe, ich seh's!

XERXES

Und hier, der meine Geschosse birgt ...

CHOR

Was sagst du, daß du gerettet?

XERXES

Den Köcher für meine Pfeile. 1020

CHOR
Ein Weniges nur von Vielem.

XERXES
Beraubt sind wir der Helfer.

CHOR
Nicht speerscheu war das jonische Volk.

XERXES
Von trotzigem Mut. Erblickt' ich doch
Ein unerwartetes Elend.

CHOR
Geworfen, sagst du, ist das schiffbewehrte Gedräng?

XERXES
Mein Kleid zerriß ich ob des üblen Geschicks. 1030

CHOR
Papaí! Papaí!

XERXES
Und mehr denn als ein einzig ›Papaí‹.

CHOR
Wohl zweifach ist es und dreifach.

XERXES
Leidvoll, der Feinde Ergötzen.

CHOR
Verstümmelt wurde die Stärke ...

XERXES
Bar bin ich meiner Gefolgschaft.

CHOR
Durch das Verderben der Unsern zur See.

XERXES

Benetze, benetze das Leid! Geh ins Haus!

CHOR

Aiaí! Aiaí! Weh! Wehe!

XERXES

Nun schreie mir zu im Widerhall! 1040

CHOR

Unsel'gen Unsel'ger unsel'ges Geschick.

XERXES

Laß gellen das Lied mit mir zugleich!

XERXES UND CHOR

Otototototoí!

CHOR

Schwer lastet solches Geschick. O-í!
Sehr aber schmerzt mich auch dieses.

XERXES

Schlag weiter! Schlag weiter und stöhne für mich!

CHOR

Ich weine, ein Klagender, weine!

XERXES

Nun schreie mir zu im Widerhall!

CHOR

Der Mühe haben wir Grund, o Herr!

XERXES

Erhebe die Stimme mit Klagen nun! 1050

XERXES UND CHOR

Otototototoí!

CHOR

Gemischt wird schwarz damit wieder – O-í! –
Die jammervolle Verwundung.

XERXES

Schlag auf die Brust und schreie dazu in mysischem Ton.

CHOR

Qual! Qual! Qual! Qual!

XERXES

Und raufe das weiße Haar am Kinn.
Immerzu!

CHOR

Mit heftigem Jammer, immerzu!

XERXES

Schrill schreie du auf!

CHOR

Ich tue auch dies.

XERXES

Mit spitzen Händen zerreiße dir das Gewand auf der
Brust. 1060

CHOR

Qual! Qual! Qual! Qual!

XERXES

Und raufe den Bart und beklage das Heer.
Immerzu!

CHOR

Mit heftigem Jammer, immerzu!

XERXES

Befeuchte die Augen!

CHOR

Ich bin überströmt.

XERXES

Nun schreie mir zu im Widerhall!

CHOR

Oioí! Oioí!

XERXES

Geh in den Palast mit Stöhnen.

CHOR

Ió! Ió! Schwer schreitet's auf persischer Erde sich. 1070

XERXES

Ióah! Nun denn rings in der Stadt.

CHOR

Ióah! Wahrlich! Ja! Ja!

XERXES

Heult, meine Begleiter!

CHOR

Ió! Ió! Schwer schreitet's auf persischer Erde sich.

XERXES

Aéh! Aéh! Aéh! Aéh! Die verdorben sind
Auf den dreirudrigen Schiffen!

CHOR

So geb ich dir mit übeltönender Klage Geleit.

*(Unter den letzten Klageschreien hat der allgemeine Aufbruch begonnen.)*

# ANMERKUNGEN

*Die Numerierung der Verse richtet sich nach dem griechischen Text.*

16 *Susa, Egbatana:* persische Städte.
17 *Kissia:* eigentlich eine gebirgige Gegend bei Susa, für Aischylos eine Stadt.
21 *Amistres* usw.: Die Namen der persischen Heerführer sind größtenteils historisch, brauchen hier aber nicht im einzelnen nachgewiesen zu werden.
38 *Theben:* im Süden Ägyptens, das damals von den Persern beherrscht wurde.
41 *Lyder:* Lydien war 480 v. Chr. eine kleinasiatische Provinz.
49 *Tmolos:* Gebirge in Lydien.
52 *Myser:* Bewohner von Mysien im Nordwesten Kleinasiens. *Babylon:* sprichwörtlich reiche Stadt am Euphrat.
70 *Helle:* Tochter des Athamas, floh vor den Ränken ihrer Stiefmutter auf einem fliegenden Widder und stürzte in die Meerenge der heutigen Dardanellen, die nach ihr Hellespont genannt wurden. Xerxes ließ eine Brücke über sie schlagen, auf der er sein Heer hinüberführte.
86 *mit dem Bogen:* Die Perser kämpften vorzüglich mit dem Bogen, die Griechen mit den Lanzen.
98 *Ate:* Göttin der Verblendung und des Unheils.
123 *Byssosgewebe:* ein in Ägypten übliches Leinengewebe.
145 *Den Namen:* Dareios galt als Abkömmling des Perseus.
146 Vgl. V. 86.
244 *vernichtet:* bei Marathon 490 v. Chr.
303 *Sileniai:* ein Küstenstrich der Insel Salamis.
307 *des Aias Insel:* Der Telamonier Aias, aus der Ilias bekannt, war Nationalheros von Salamis.
318 *Mager:* für Aischylos noch ein Volk, keine Klasse.
321 *Sardes:* Hauptstadt Lydiens.
327 *Kilikier:* Bewohner des Festlands nördlich von Zypern.

482 ff. Die Landschaften folgen aufeinander in nördlicher, dann östlicher Richtung.

570 *Kychreia:* Beiname der Insel Salamis nach dem alten König Kychreus.

650 *Aïdoneus:* Hades.

651 *Darian:* eine Art Kosename für Dareios.

723 *Bosporos:* Aischylos unterscheidet nicht zwischen dem Bosporus und den Dardanellen.

765 *Medos* usw.: Die hier aufgezählten Könige sind nur zum Teil geschichtlich.

817 *Plataiai:* Vordeutung auf die für die Perser gleichfalls katastrophale Schlacht vom Jahre 479 v. Chr.

865 *Halys:* Der kleinasiatische Fluß wird hier als Westgrenze des persischen Reiches betrachtet.

868 *Strymonische See:* der Strymon, Grenze von Thrakien und Makedonien, bildet vor seiner Mündung einen größeren See.

875 *Propontis:* das Marmarameer.
*Mündung des Pontos:* der Bosporus.

890 *des Ikaros Sitz:* die Insel, auf der Ikaros nach seinem Sturz vom Himmel begraben wurde.

892 *Salamis:* die Kolonie auf Zypern.

937 *mariandynisch:* nach Bewohnern der Südküste des Schwarzen Meers, die durch einen leidenschaftlichen Totenkult bekannt waren.

982 Lücke in der Überlieferung.

# NACHWORT

Im Jahre 490 v. Chr. wurde das Heer des Perserkönigs Dareios von den Athenern in der Schlacht bei Marathon besiegt. Zehn Jahre später rüstete Xerxes, sein Sohn, einen zweiten Zug, um die Schmach des ersten zu rächen und die griechischen Staaten dem Perserreich einzuverleiben. Er ließ eine Brücke über den Hellespont (die Dardanellen) schlagen; das Landheer zog hinüber und marschierte am Olymp vorbei durch Thessalien, schlug den spartanischen König Leonidas bei den Thermopylen, brach in Attika ein und zerstörte die unbefestigte Stadt Athen, aus der die Bevölkerung nach den Inseln Salamis und Aigina geflohen war. Die persische Flotte von 1207 Schiffen erreichte, nach schweren Verlusten durch Stürme, die attische Küste, wo etwas mehr als dreihundert griechische Schiffe ihrer harrten. In der Bucht von Eleusis, zwischen der Insel Salamis und dem Festland, die der immer noch weit überlegenen persischen Flotte keine Entfaltung erlaubte, kam es zu der entscheidenden Schlacht, die mit einer vollständigen Niederlage der Perser endete. Das persische Landheer wurde bei Plataiai im folgenden Jahr besiegt. Die Griechen behaupteten sich damit gegen die von Asien drohende große Gefahr und entschieden in einem Ausmaß, das ihnen selbst noch nicht klar sein konnte, das Schicksal Europas.

476 v. Chr. wurden in Athen die *Phönissen* des Phrynichos, eine dramatische Feier des Sieges von Salamis, aufgeführt. Von dieser Tragödie ist uns nur eine dürftige Nachricht überliefert. 472 griff der damals schon mehr als fünfzigjährige Aischylos dasselbe Thema in der Tragödie *Die Perser* auf, die heute als das älteste vollständig erhaltene Werk der attischen Tragiker angesehen werden muß. Aischylos hatte selbst bei Marathon und bei Salamis mitgekämpft. So konnte er den Botenbericht von dem für die Perser so katastrophalen Ereignis als Augenzeuge schreiben. Er scheint sich

aber auch um die persische Kultur und Geschichte gekümmert zu haben. Unter den Namen von persischen Königen und Heerführern, die so prunkvoll vorüberrauschen, sind viele historisch. Es fällt dabei auf, daß auf griechischer Seite gar keine Namen angeführt werden. Nicht einmal Themistokles, dem das Verdienst des Sieges in erster Linie zukommt, wird genannt, obwohl der Bote seine den Perserkönig täuschende List erzählt. Wir nehmen dies als Zeugnis der demokratischen Gesinnung des Atheners, die nirgends so eindrucksvoll wie gerade in dieser Barbarentragödie zutage tritt:
Die Pracht in der Hauptstadt Susa, die Scheu der persischen Greise vor Atossa und dem Schatten des Dareios, das Niederfallen zur Erde, die sogenannte Proskynesis, die sogar die höheren Stände dem Höchsten, dem König, schulden, und andrerseits die unbedingte Machtvollkommenheit des Einen, der niemandem Rechenschaft schuldig ist, sein göttlicher Nimbus: all dies arbeitet Aischylos grandios heraus, überzeugt, damit die Neugier und die Schaulust der Athener ebenso zu befriedigen wie ihr politisches Selbstbewußtsein. Sie nämlich sind frei. Sie anerkennen keinen Sterblichen als ihren Herrn. Im Vergleich zu dem von Gold berauschten Susa sind sie arm. Und dennoch haben sie das gewaltige persische Heer besiegt. Das hat kein einzelner, der mit Namen genannt werden müßte, vollbracht. Das ist das Werk des gesamten Volks und insbesondere seiner Götter, der Pallas und ihres Vaters Zeus, der immer die Hoffart der Sterblichen straft und den, der sich wie Xerxes vermißt, im richtigen Augenblick niederschlägt.
Man mag sich fragen, warum, in deutlichem Gegensatz zu Xerxes, Dareios als weiser Fürst verherrlicht wird, obwohl er doch bei Marathon zehn Jahre früher eine ähnliche – in dem Stück gleichfalls erwähnte – Niederlage erlitten hatte. Offensichtlich geschieht dies einzig der Führung der Leidenschaften zuliebe, die Aischylos aufzuregen sucht. Darin durfte er sich seinem Vorgänger weit überlegen fühlen. Phrynichos hatte gleich zu Beginn der Handlung einen Eunuchen vom Unglück des persischen Heers erzählen lassen. Aischylos beginnt mit einer Demonstration der persischen Macht, in die sich vorerst nur andeutungsweise etwas

von Sorge und Angst einmischt. Der Traum der Königinmutter vertieft die düsteren Schatten am Horizont. Dann tritt der Bote auf und erzählt weitläufig, was sich ereignet hat. Wir müssen uns in die Stimmung der athenischen Öffentlichkeit versetzen, die diesen Bericht zu hören bekam. Jedes Wort, das Atossa und die persischen Greise niederschmettert, das auf der Bühne Jammer und Klagen auslöst, erneuert in den Athenern das ungeheure Gefühl des Triumphs – ein Widerspiel, wie es der tragische Dichter sich nicht erregender wünschen kann. Das Ziel der Fuge von Passionen ist der Auftritt des geschlagenen Xerxes in höchsteigener Person. Und dieser wird um so jammervoller, je mehr der junge, verwegene, ins Elend geratene König von einem besonnenen, glücklichen Vater absticht.

Solche Wirkungen sind es, die Aischylos hier vor allem erzielen will. Der Leser geht fehl, der nach einem Problem, ja nur nach einer Handlung im gewöhnlichen Sinne des Wortes fragt. Das Werk stellt eine rhythmisch gegliederte Folge heftiger Affekte dar, die schließlich in das alles Maß vergessende asiatisch-wilde Geheul der letzten Szene mündet, in der sich das tragische Mitleid, der Jammer um die Gestalt des unseligen Helden, in einer einzigen und unwiederholbaren Weise mit dem Jubel des Zuhörerkreises vereinigt.

Gerade diese Szene ist es nun freilich auch, die dem Übersetzer die größten Schwierigkeiten bereitet. Die Sprache beschränkt sich auf Andeutungen, Stichworte gleichsam, die nur dazu da sind, Jammergeschrei, Entsetzensrufe und Wehelaute auszulösen. Und diese Wehelaute intoniert der Grieche so mannigfaltig, daß unser deutsches »Weh« und »Ach« und »Oh« nicht aufzukommen vermag. Es blieb nur übrig, diese sprachliche Orchestrierung des äußersten Schmerzes unverändert herüberzunehmen und den Leser zu bitten, sich die Orgie der Verzweiflung in der gewaltigen szenischen Wirklichkeit vorzustellen.

Auf andere Weise mühsam war die Einordnung der vielen persischen Namen in den Duktus der Verse. Wie überall galt auch da der heute, von wenigen Ausnahmen abgesehen, allgemein übliche Kompromiß: griechischer Vokalismus, lateinische Betonung. Um metrischen Mißverständnissen vor-

zubeugen, habe ich, wie bei den Klagelauten, Akzente gesetzt.
An eine Neubelebung der *Perser* auf unseren Bühnen ist in absehbarer Zeit wohl kaum zu denken. Der nationale Gehalt, das Pathos, das Widerspiel von Jammer auf der Szene und Jubel unter den Hörern, das wir nicht zu teilen vermögen: dies alles scheint eine Wirkung auf heutige breite Massen auszuschließen. Wer aber bereit ist, aus den Grenzen der Gegenwart herauszutreten und sich auf halb vergessene Möglichkeiten von Dichtung einzulassen, wird in den *Persern* des Aischylos eine Tragödie höchsten Ranges erkennen – eine Tragödie in dem strengen aristotelischen Sinn des Begriffs, der Lessing noch bekannt war, den Schiller als Dichter, wenn auch nur in gemäßigten Formen, zu erfüllen vermochte, das Publikum unserer Tage sich aber kaum mehr auszumalen vermag.